FRAG MICH WAS

# Piraten

Von Andreas Piel

Illustriert von Andreas Piel

Mit vielen lustigen Zeichnungen
von Angelika Stubner

Loewe

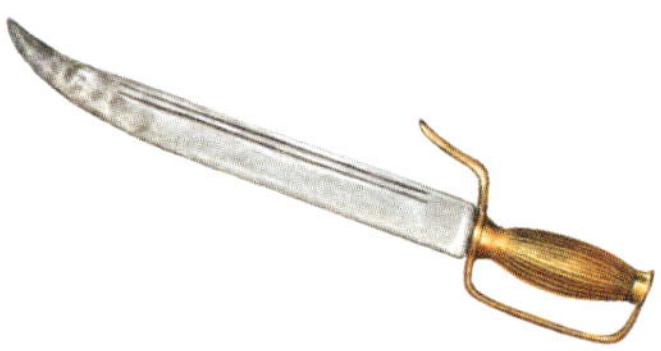

*Der Umwelt zuliebe ist dieses Buch*
*auf chlorfrei gebleichtem Papier gedruckt.*

ISBN 3-7855-4842-7 – 2. Aufl. 2004

Umschlagillustration: Andreas Piel
Vignetten: Angelika Stubner
Umschlaggestaltung: Andreas Henze
Layout und Satz: Sandra Lautner
Gesamtherstellung: L.E.G.O. S.p.A., Vicenza
Printed in Italy

**www.loewe-verlag.de**

Eine Piratenmannschaft setzte sich häufig aus Matrosen zusammen, denen die harte Arbeit und die strenge Disziplin bei der Marine nicht gefallen hatte und die geflohen waren, um auf einem Piratenschiff ihr Glück zu machen. Aber auch Gefangene von überfallenen Schiffen wurden zum Piratendienst gezwungen.

Ein Gefangener kann wählen: Tod oder Dienst als Pirat.

**Kaperbrief des englischen Königs Georg III.**

Für die USA ein Held, für England ein Pirat: der Kaperkapitän John Paul Jones.

Seit dem 13. Jahrhundert stellten die Könige der verschiedenen Seenationen manchen Kapitänen Kaperbriefe aus. Das waren Genehmigungen zum Überfallen und Plündern feindlicher Schiffe in Kriegszeiten. Kapitän und Besatzung behielten einen Teil der Beute. Den anderen bekam der König.

# Wann lebten die Piraten?

Die Geschichte der Piraten ist so alt wie die Seefahrt selbst. Schon vor mehr als 4500 Jahren machten Piraten die Meere unsicher. Die Griechen nannten die Seeräuber „Peirates“. Die große Zeit der Piraterie lag allerdings im 17. und 18. Jahrhundert. Das war die Zeit des größten Seehandels zwischen den Kontinenten.

**Drachenschiff**

**Wikinger-Pirat**

Im 9.–11. Jahrhundert verbreiteten die Wikinger in den nordischen Meeren Angst und Schrecken. Das altnordische Wort „vikinkr“ bedeutet so viel wie Seeräuber.

Um etwa 2700 v. Chr. begannen die Ägypter, die ersten Schiffe aus Holz zu bauen, und trieben Handel mit den Mittelmeervölkern. Zu dieser Zeit gab es auch schon die ersten Piratenüberfälle.

**Holzschiff aus Zedernholz**
um 2700 v. Chr.

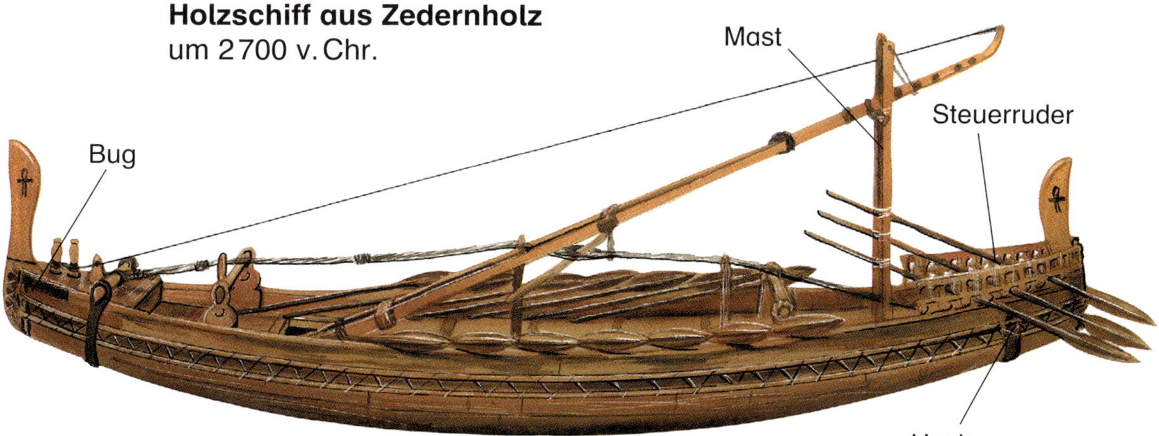


Einer der berühmtesten Piratenjäger war ein römischer Feldherr namens Gnaeus Pompeius. Im Jahre 66 v. Chr. vernichtete er ein großes Heer von Seeräubern im Mittelmeer nördlich von Zypern. Dabei ließ er 850 Piratenschiffe versenken.

**Gnaeus Pompeius**

**Römisches Kriegsschiff**

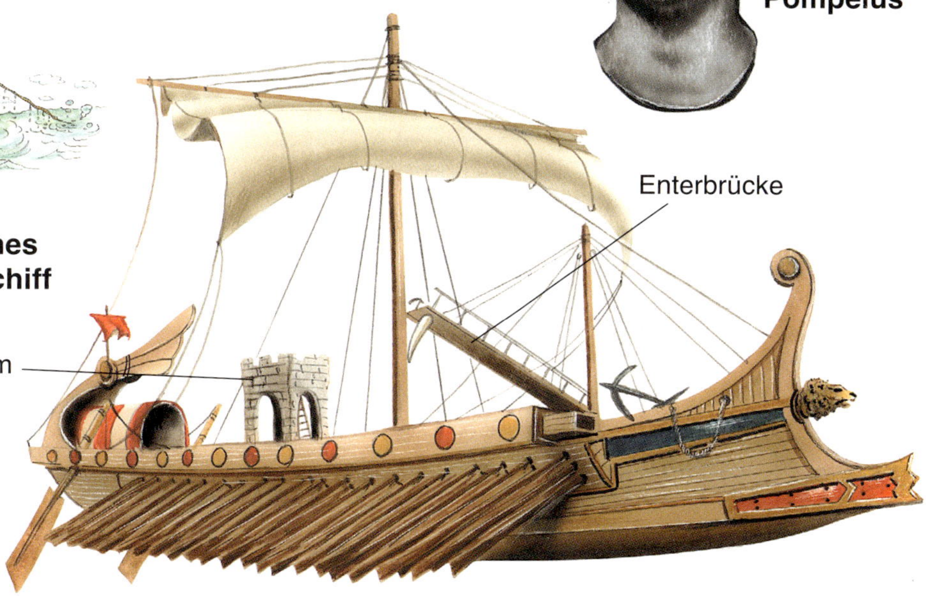

# Wo gab es überall Piraten?

Piraten gab es überall auf den Weltmeeren. Die berühmtesten Jagdgründe waren Nord- und Ostsee, Mittelmeer, Karibik, Indischer Ozean und das Chinesische Meer. Man bezeichnete die Piraten der Karibik als Bukanier oder Flibustier; im Mittelmeerraum hießen sie Korsaren und an der Küste Nordafrikas lebten die Barbaresken.

**François Lolonois**

Er war der berüchtigste und grausamste Piratenkapitän der Bukanier.

**Käpten Kidd**

Er war ein glückloser Piratenjäger, der selbst ein Pirat wurde.

Die Bukanier hatten eine Landbasis auf der Insel Hispanola, dem heutigen Haiti. An Land jagten sie verwilderte Viehherden, deren Fleisch sie auf hölzernen Rosten räucherten. Das Fleisch sowie die Räucherstellen hießen „boucan“. Davon leitet sich der Name dieser Piraten ab.

Ein Bukanier räuchert das in Streifen geschnittene Fleisch im Räucherhaus. Dadurch erhielt es auch einen besonderen Geschmack.

Durch das Räuchern wurde das Fleisch haltbar gemacht.

Zwei Bukanier-Piraten schließen einen Vertrag über ihr Besitztum ab.

**Bukanier-Vertrag**

Ursprünglich waren die auf der Insel Hispanola ansässigen Franzosen Jäger und Pflanzer gewesen. Der Seeräuberei gingen sie erst nach, als die Spanier sie von der Insel vertreiben wollten. Von da an war es bei den Bukaniern Sitte, dass jeweils zwei Männer ihre gesamte Habe zusammenlegten. Sie setzten einen Vertrag auf, in dem sie sich gegenseitig zusicherten, dass der Überlebende all das erben sollte, was beide je erworben haben. Dann ging einer auf Kaperfahrt, und der andere pflanzte Tabak an.

# Wie sah ein Piratenschiff aus?

Wenn die Seeräuber eine Prise gekapert, das heißt ein Schiff erbeutet hatten, machten sie sich daran, es für ihre Zwecke umzurüsten. Um das Schiff schneller und kampffähiger zu machen, wurden oft Teile des Quarterdecks und der Reling oder das Steuerhaus und das Vorderdeck beseitigt.

1 Vorschiff
2 Batteriedeck
3 Zwischendeck
4 Beting (Balkengestell, sichert das Ankerkabel)
5 Kabelgatt (Raum für Tauwerk)
6 Bilge (Hohlraum zum Beschweren)
7 Kombüse (Küche)
8 Pumpe (zum Abpumpen von eingedrungenem Wasser)
9 Geschosskammer
10 Spill (Winde zum Heraufholen des Ankers)
11 Segelkammer
12 Stauräume
13 Heckruder
14 Ruderpinne
15 Kolderstock (Das Heckruder wurde über die Ruderpinne mit diesem Hebelsystem bedient.)
16 Kapitänskajüte

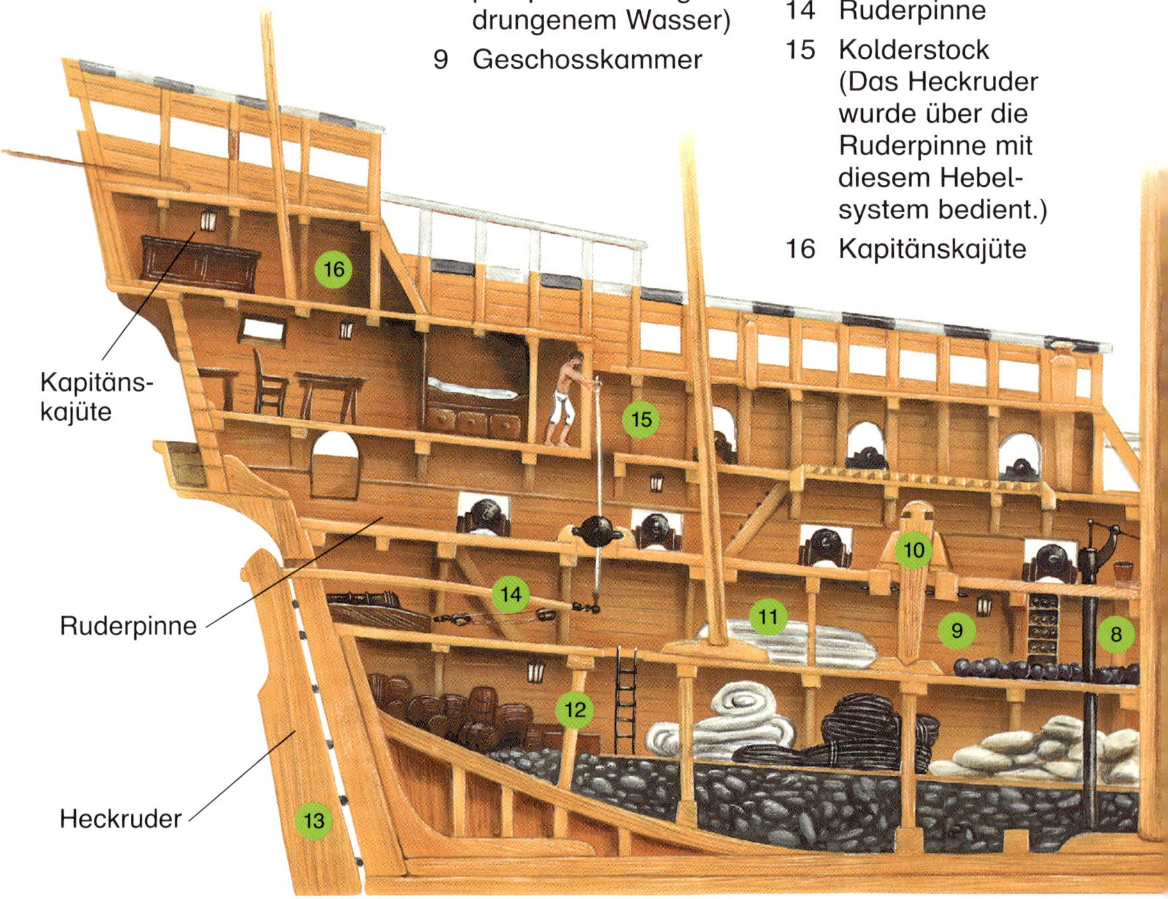

## Kaperschiff

*Typ:* Viermastgaleone, um 1580

*Länge:* ca. 37 m

*Breite:* ca. 8,70 m

*Tiefgang:* 4,60 m

*Bewaffnung:* 16 Achtzehnpfünder, 14 Neunpfünder

*Besatzung:* ca. 180 Mann

## Längsschnitt durch eine Piratengaleone

Das Ruder wird mithilfe des Kolderstocks (15) bedient. Steuerräder wurden erst zu Beginn des 18. Jahrhunderts eingeführt.

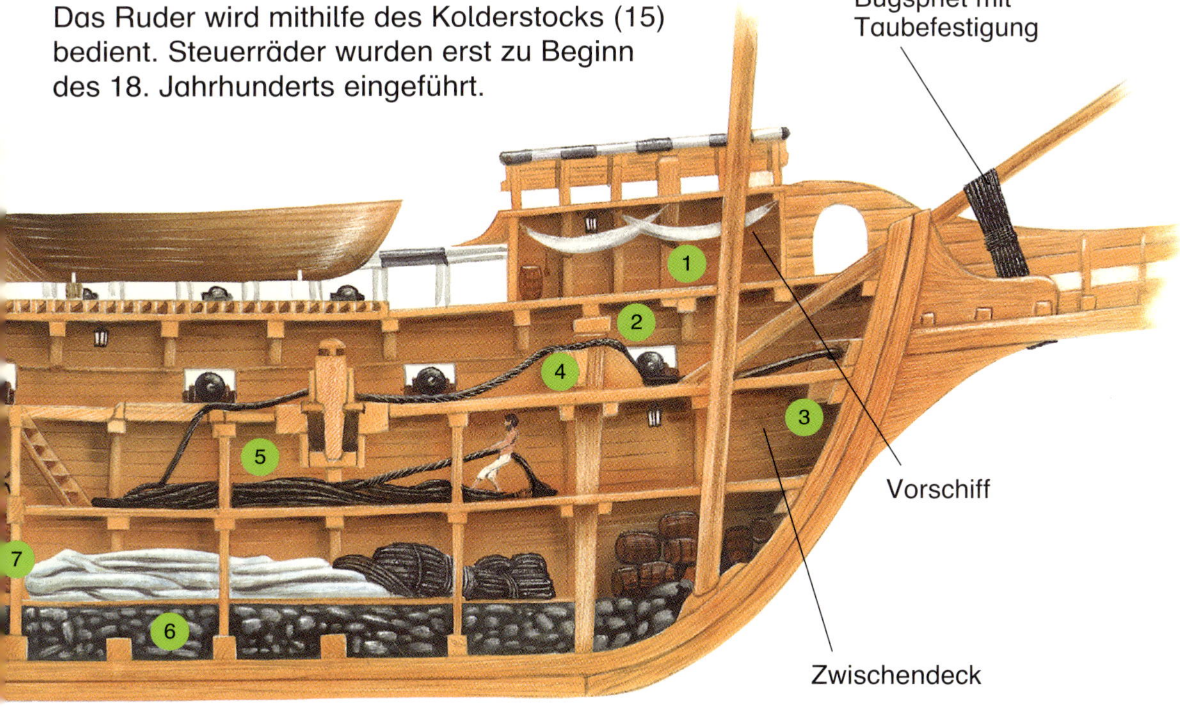

# Wie war das Leben auf See?

Das Leben an Bord war auch für Piraten unbequem. Bei Seegang und rauem Wetter mussten sie hinauf in die Takelage, das ist die Segelausrüstung eines Schiffes, und Segel setzen oder bergen. Das war oft lebensgefährlich. Bei Windstille gab es aber auch Zeiten zermürbender Langeweile. Es kam dann manchmal zum Streit unter den Männern.

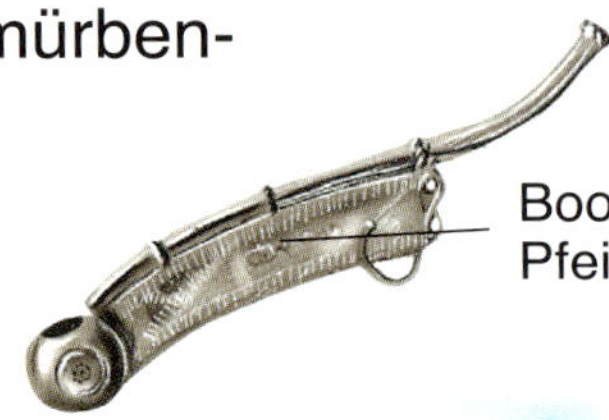


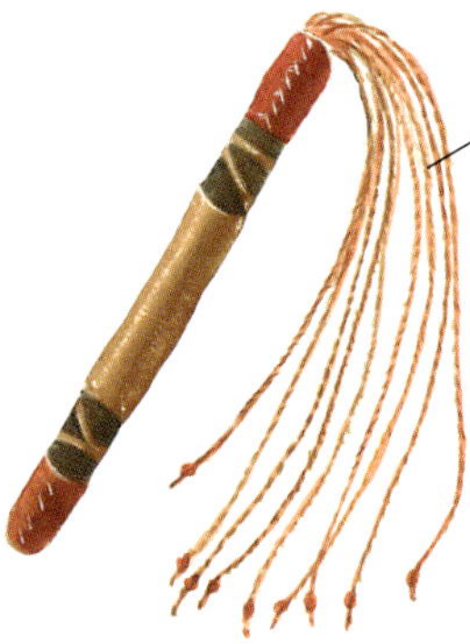


**Neunschwänzige Katze**

Das ist eine Peitsche, bestehend aus neun Strängen eines Seils, die am Ende geknotet sind. Wenn ein Pirat sich eines Vergehens schuldig machte, wurde er mit dieser Peitsche bestraft.

Das Deck musste regelmäßig geschrubbt werden.

Einen Marlspieker benutzt der Segelmacher, um zwei Tauwerkenden miteinander zu verbinden. Das nennt man „spleißen".

Nach einem Sturm oder Kampf gab es auf dem Schiff viel zu reparieren. Segel und Taue mussten geflickt, Masten und Planken ausgebessert werden. Segelmacher, Schiffszimmermann und Böttcher waren wichtige Berufe auch an Bord eines Piratenschiffes.

Die Segel zu bergen war oft sehr gefährlich, und es kam nicht selten zu schweren Unfällen.

**Segelmacherwerkzeug**

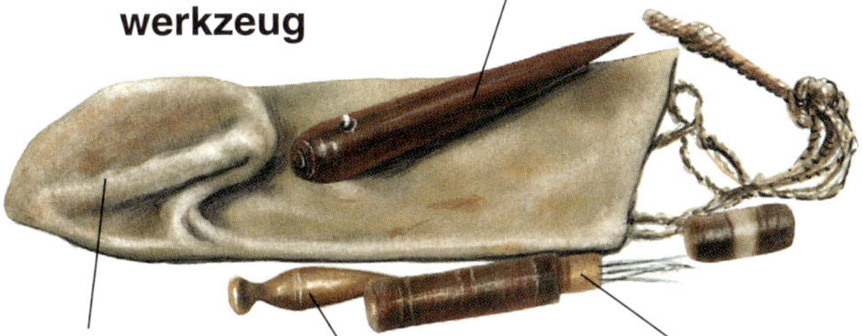

**Der Böttcher**

Das ist jemand, der Fässer herstellt und repariert. Für Seefahrer war das sehr wichtig, da in einem Proviantfass gepökeltes Rindfleisch und andere Nahrungsmittel sehr lange Zeit aufbewahrt werden konnten.

# Welche Bordinstrumente gab es?

Um sich auf See zurechtzufinden, hatten die Piraten nur sehr einfache Hilfsmittel. Für die Navigation (Orts- und Wegbestimmung) waren Kompass und Seekarten die wichtigsten. Durch die Beobachtung des Sonnenstandes und der Sterne konnte ein erfahrener Seefahrer den Weg bestimmen.

**Seekarten**

Das Arbeiten mit Seekarten war nur gebildeten Seeleuten vorbehalten, die des Lesens und Schreibens kundig waren. Hierfür wurden oft gefangene Marineoffiziere zum Piratendienst gezwungen.

Die Abmessungen auf den Seekarten wurden mittels Stechzirkel übertragen.

**Kompass**

Die Magnetnadel des Kompasses zeigt immer nach Norden. So konnten die Piraten ihren Kurs ablesen.

**Magnetstein**

Mit solch einem Magneteisenstein wurden Kompassnadeln magnetisch gemacht.

**Quadrant**

Mit einem Quadranten (Sonnenwinkelmesser) konnte man den Breitengrad feststellen.

**Hand-Log**

Das ist ein Geschwindigkeitsmesser. Man warf das Log (ein beschwertes Holzstück) über Bord und notierte, wie schnell die Knoten der Logleine abgespult wurden. Noch heute wird die Geschwindigkeit von Schiffen in Knoten (Seemeilen pro Stunde) gemessen.

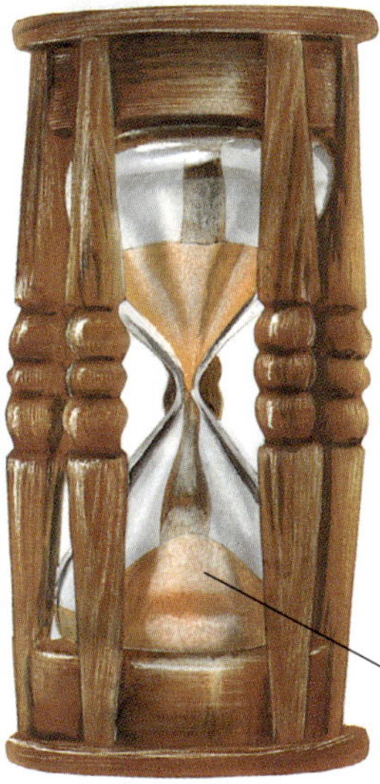


**Sanduhr**

Erst Mitte des 18. Jahrhunderts hatte man Chronometer (Uhren) zur Zeitbestimmung. Bis dahin benutzte man Sanduhren.

**Fernrohr**

Ein Fernrohr von etwa 1660

# Welche Waffen hatte ein Pirat?

Ein Pirat sah manchmal aus wie eine wandelnde Waffenkammer. Für den Kampf auf engstem Raum trug er eine unentbehrliche Grundausrüstung mit sich. Entermesser und Enterbeil sowie Pistolen und Dolch durften nie fehlen. Mit einem Hieb des Enterbeils wurden armdicke Taue gekappt, und damit fielen die Segel des Feindes.

**Schießpulver**

Um eine Pistole oder Muskete abfeuern zu können, brauchte man Schießpulver.

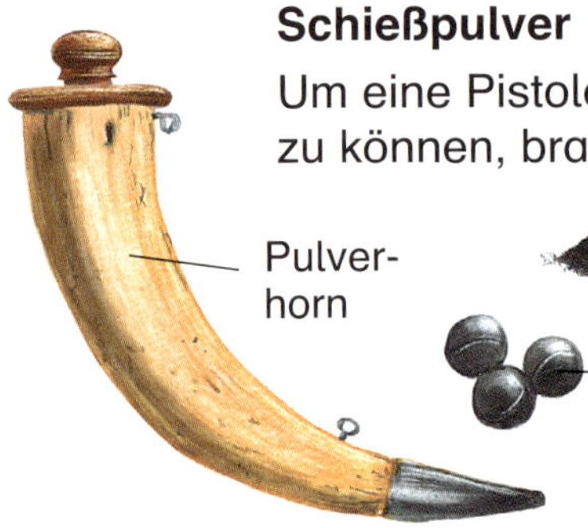

Pulverhorn

Pistolenkugeln

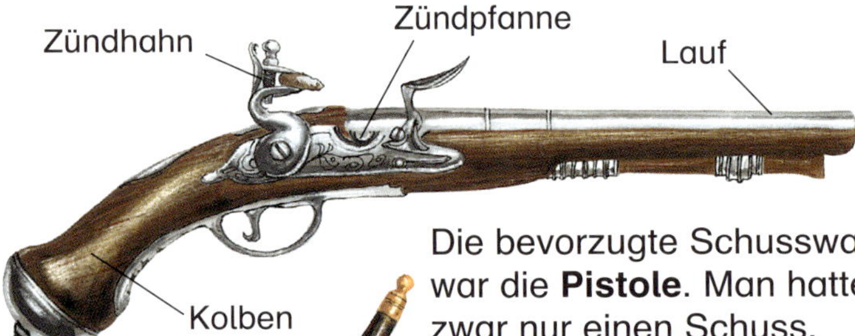

Zündhahn

Zündpfanne

Lauf

Kolben

Die bevorzugte Schusswaffe war die **Pistole**. Man hatte zwar nur einen Schuss, aber ihr Kolben diente auch als Keule.

**Dolch**

Richtkeil, um die Höhe des Kanonenrohrs einzustellen

Mit dem **Sprachrohr** wurden die Gegner aufgefordert, sich zu ergeben.

**Enterbeil,** um Netze und Takelage zu zerhacken (um 1750)

Der **Enterhaken** verfängt sich mit seinen Spitzen in der Takelage des feindlichen Schiffes.

**Lange Muskete** (um 1700)

Diese **Donnerbüchse** ist eine kleine Muskete, die man nur im Nahkampf verwenden konnte.

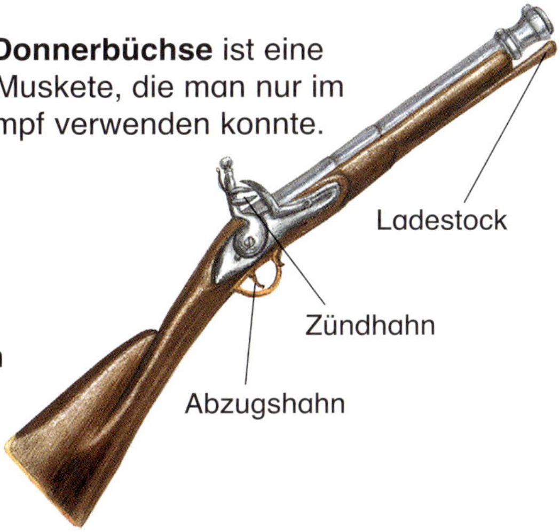

Mit so einer **Kanone** wurden 10–20 kg schwere Eisenkugeln abgeschossen. Das Laden und Abfeuern einer Kanone dauerte aber oft mehrere Minuten.

**Kanonenkugeln**

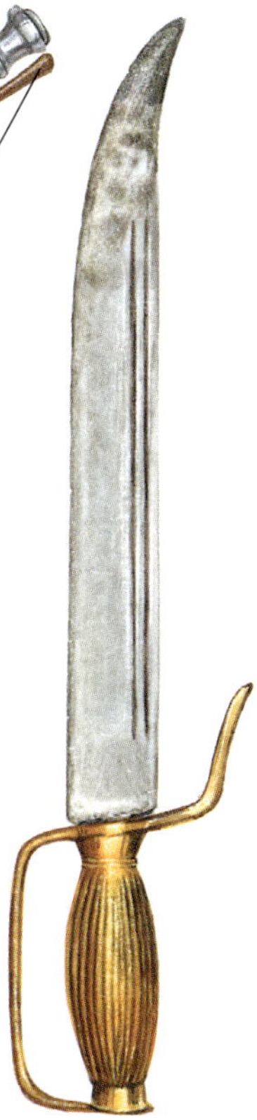

Das **Entermesser** war die wichtigste Waffe des Piraten. Wegen seiner geringen Länge war es bequem zu tragen, und es verfing sich nicht in der Takelage.

# Wie kämpften die Piraten?

Mit kleinen, wendigen Schiffen versuchten die Seeräuber, sich unbemerkt ihrem Opfer zu nähern. In einem Blitzangriff wurden die Enterhaken, die an Seilen befestigt waren, auf das gegnerische Schiff geworfen. Dann schwangen sich die Piraten an den Seilen hinüber, und oft begann ein wilder Kampf mit Messern und Pistolen.

# Wo verbargen die Piraten ihre Schätze?

Aus Legenden erfahren wir, dass die Piraten ihre Schätze oft im Sand tropischer Buchten vergruben. Überlieferungen tatsächlicher Ereignisse sind äußerst selten. Gewöhnlich brachten die Seeräuber die Beute an Land, wo sie aufgeteilt wurde. Oft verprassten die Männer ihren Anteil in wenigen Tagen mit Saufgelagen, Glücksspielen und Frauen.

Käpten Kidd landet auf Long Island.

Käpten Kidd versteckt im Jahr 1699 auf Long Island (New York) einen Schatz.

● An Land wohnten die Piraten in Hütten. In den wärmeren Gebieten lebten sie einfach unter freiem Himmel, aßen, tranken und schliefen in freier Natur. Ein Pirat wurde nie richtig sesshaft, es sei denn, er wurde sehr alt.

● Wenn ein Schiff repariert werden musste, brachte man es in eine versteckt gelegene Bucht. Einrichtung und Ladung wurden von Bord geschafft, und das Schiff wurde mit Seilwinden und Taljen (Flaschenzüge) auf den Strand gelegt.

# Wo kauften die Piraten ein?

Die Beute der Seeräuber wurde in sicheren Häfen verkauft, wo sie weit unter ihrem tatsächlichen Wert zu haben war. Deshalb fragte auch kein Kunde, woher die Ware stammte. Mit dem Geld konnten die Piraten dann ihre eigene Ausrüstung und Verpflegung ganz rechtmäßig erwerben.

In einem Hafen bietet ein Pirat seine Beute zum Verkauf an.

Die Verpflegung an Bord eines Seeräuberschiffes war karg und eintönig. In der Regel bestand sie aus hartem Schiffszwieback und gesalzenem Fleisch. Das Trinkwasser in den Fässern fing nach einer Woche an zu faulen. Viele Piraten starben an „Skorbut“, einer Krankheit, die durch Mangel an Vitamin C ausgelöst wurde.

**Schildkröte**

Schildkröten waren eine der wenigen Frischfleischquellen für Piraten.

**Vitamin C**

Mitte des 18. Jahrhunderts hatte man den Mangel an Vitamin C als Ursache von Skorbut entdeckt. Von da an gehörten Zitrusfrüchte zum Schiffsproviant.

**Zwieback**

Diese Hauptnahrung wurde von den Piraten oft nur im Dunkeln gegessen, damit sie die Maden nicht sahen.

**Kombüse**

Auf kleineren Schiffen hatte man gusseiserne Feuerstellen, um an Deck zu kochen.

**Geschirr**

Becher und Teller aus Zinn waren zwar oft vorhanden, aber die Essmanieren der Piraten machten Geschirr eigentlich überflüssig.

**Kautabak**

Da das Rauchen an Bord sehr gefährlich war, kauten die Piraten Tabak.

**Alkohol**

Da Trinkwasser schneller verdarb, schlangen die Piraten ihr Essen meist mit Bier oder Wein hinunter.

# Wie kleideten sich die Piraten?

Piraten trugen die Kleidung ihrer Zeit wie andere Seeleute auch. Da sie aber keine Kleiderordnung hatten wie die Besatzungen der Marineschiffe, glichen sie einem bunt zusammengewürfelten Haufen. Sie wechselten ihre Kleidung nur, wenn sie auf einem gekaperten Schiff neue erbeutet hatten. Bis dahin sahen sie oft verwahrlost aus.

Der häufigste Kopfschmuck waren Tücher, worüber man oft noch einen Hut trug.

Aus Segeltuch wurden auch Kleider selbst genäht.

Die Hose wurde mit Öl eingerieben und wasserdicht gemacht.

In wärmeren Gebieten waren die Piraten nur mit einem einfachen Hemd bekleidet und liefen barfuß.

Reich bestickter **Plüschmantel** eines Edelpiraten

Die Kopfbedeckung schien den Piraten besonders wichtig. Ein Hut wie dieser **Dreispitz** war ein beliebtes Beutestück.

**Seemannshut**
(18. Jh.)

Oft trugen die Seeräuber noch ihre alten Marineuniformen, nachdem sie geflohen waren.

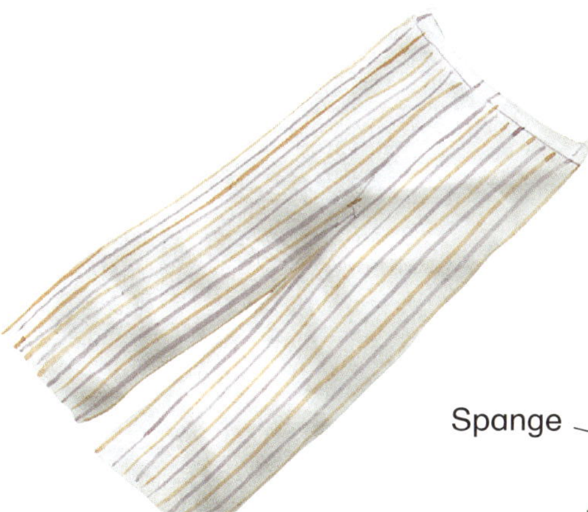

Ende des 18. Jahrhunderts begann man, solche langen Hosen zu tragen.

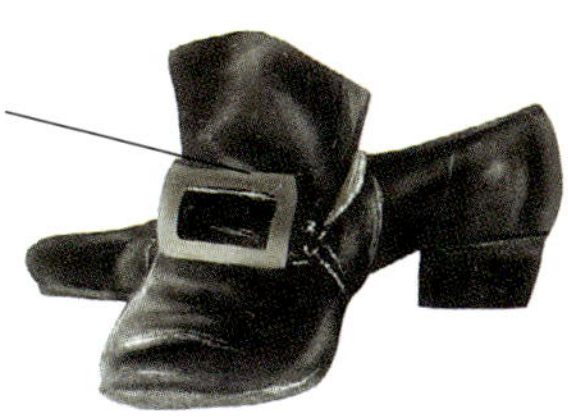


**Spangenschuh**
aus Leder (um 1750)

# Wurden nur Männer Piraten?

In der Geschichte der Piraterie gab es auch Frauen. Berühmt wurden Anne Bonny und Mary Read, die zunächst als Männer verkleidet zur See fuhren. Anne heiratete später den Piratenkapitän John Rackam, genannt „Calico Jack", und ging mit ihm auf Raubfahrt. In dieser Zeit stieß auch Mary Read, als Mann verkleidet, zu ihnen. Beide Frauen waren gefürchteter als mancher männliche Pirat.

**Anne Bonny**

Sie wurde in Irland geboren und wuchs in South Carolina auf. Später heiratete sie James Bonny, einen Matrosen, der sie ins Piratennest New Providence brachte. Dort lernte sie John Rackam kennen. In Männerkleidung schloss sie sich Rackams Mannschaft an.

**Mary Read**

Sie war wie Anne ein uneheliches Kind. Ihre Mutter hatte sie in Jungenkleider gesteckt, um die Verwandten zu täuschen. Später kämpfte sie in der englischen Armee und diente auf einem holländischen Schiff, das von Rackam gekapert wurde.

Bereits in römischer Zeit gab es eine Piratin names Teuta, die die griechische Küste beherrschte. Um 1100 führte die Gotländerin Alwilda in der Ostsee das Kommando über ein Piratenschiff mit weiblicher Besatzung. Die Chinesin Ching aber war wohl die berühmteste aller Piratinnen.

Teuta

Griechisches Piratenschiff

Die Dame Ching Yih Saoa war die Witwe eines Admirals, der als Freibeuter des chinesischen Kaisers in Ungnade gefallen war. Frau Ching befehligte 1807 eine Flotte von 1800 Dschunken mit mehr als 70000 Besatzungsmitgliedern, darunter auch Frauen.

Dschunke

Chinesische Piratin

# Welche Gesetze hatten die Piraten?

Selbst die freiheitsliebenden Seeräuber hatten bestimmte Regeln für ihr Zusammenleben. Es gab Gesetze und Strafen. Im 17. Jahrhundert verfügten die Piraten der Karibik sogar über eine eigene Krankenkasse. Bei Verlust eines Ohres, Armes oder Beines gab es Schmerzensgeld in unterschiedlicher Höhe.

**Piraten-Gesetz**

I. Jeder hat gleiches Stimmrecht und ein Anrecht auf Proviant und Schnaps.
II. Jeder hat einen Anspruch auf einen Teil der Beute und auf einen Kleiderwechsel. Wenn ein Mann die Gemeinschaft um einen Teil der Beute betrügt, so wird er auf einer Insel ausgesetzt. Wenn ein Mann einen anderen beraubt, so werden ihm Nase und Ohren abgeschnitten.
III. Niemand darf an Bord um Geld spielen, weder mit Würfeln noch mit Karten.
IV. Lichter müssen um acht Uhr abends gelöscht werden.

Die Piraten hatten viele grausame Methoden, um ihre Gefangenen zu foltern oder zu bestrafen. Der Kapitän eines gekaperten Schiffes wurde mit dem Rest seiner Mannschaft auf einer einsamen und entlegenen Insel ausgesetzt. Die übrigen Mitglieder der Mannschaft waren zu den Piraten übergelaufen, falls diese sie nicht getötet hatten.

Wurden Seeleute ausgesetzt, erwartete sie meist ein qualvoller Hungertod.

- V. Gewehr und Waffen müssen jederzeit gefechtsbereit sein.
- VI. Weder Knabe noch Frau ist an Bord erlaubt.
- VII. Wer seinen Posten während eines Gefechts verlässt, wird mit dem Tod bestraft.
- VIII. Prügeleien sind an Bord verboten. Streit wird an Land mit Säbel und Pistole ausgetragen.
- IX. Keiner darf das Piratenleben aufgeben, ehe nicht ein jeder einen Anteil von 1000 Pfund hat.
- X. Der Kapitän erhält 2,5 Anteile der Beute. Geschützmeister und Bootsmann erhalten jeweils 1,5 Anteile, alle andern Offiziere 1,25 Anteile, einfache Männer 1 Anteil.

# Welche Flaggen hatten die Piraten?

Die Piraten hatten viele verschiedene Flaggen, aber am häufigsten findet man auf ihnen den Totenkopf mit den gekreuzten Knochen oder ein Skelett. Den bekannten Totenkopf mit den gekreuzten Knochen erfand der französische Pirat Emanuel Wynne um 1700. In England wurden die Piratenflaggen „Jolly Roger“ genannt.

Flagge von John Rackam, genannt „Calico Jack“

Flagge von John Avery oder „Henry Every“, wie er sich selbst nannte.

Flagge von Edward Teach, genannt Schwarzbart (Blackbeard)

Flagge von Bartholomew Roberts

● Die Flaggen sollten die Opfer der Piraten erschrecken und zeigen, was ihnen bevorstand. Zum Beispiel bedeutete ein Totenkopf mit gekreuzten Knochen und einem Stundenglas darunter, dass die Zeit der Opfer abgelaufen war und der Tod auf sie wartete.

Flagge von Thomas Tew

Flagge von Emanuel Wynne, dem Erfinder des Totenkopfbildes

Flagge von Christopher Moody. Das Stundenglas hat Flügel. Das bedeutet, die Zeit der Opfer vergeht wie im Flug.

**Jolly Roger**

Die Bezeichnung der Piratenflagge als „Jolly Roger“ geht vermutlich auf folgenden Ursprung zurück: Es war die Gewohnheit der Piraten, während des Kampfes eine Schlachtflagge am Hauptmast zu setzen. Für den Fall, dass keine Gnade gewährt und keine Nachsicht geübt werden sollte, war die Flagge rot. Die französischen Piraten nannten sie daher „la jolie rougère“, was so viel heißt wie „die hübsche Rote“. Die Engländer machten dann daraus „Jolly Roger“. Eine andere Deutung führt diese Bezeichnung auf den arabischen Namen „Ali Rajah“ (König der See) zurück.

# Wann endete die Piratenzeit?

Mitte des 19. Jahrhunderts war die Zeit der Piraten endgültig vorbei. Zwar endete das goldene Zeitalter der Piraterie schon um etwa 1722, als auch der große Pirat Bartholomew Roberts im Kampf starb, aber um 1800 war das Piratentum noch einmal erblüht. Das Ende des amerikanisch-englischen Krieges und der napoleonischen und lateinamerikanischen Kriege hatte viele arbeitslos gewordene Soldaten in die Piraterie getrieben.

**Chaloner Ogle**, Kapitän der Swallow, führte im Februar 1722 Bartholomew Roberts' Untergang herbei. Dafür wurde er in den Adelsstand erhoben.

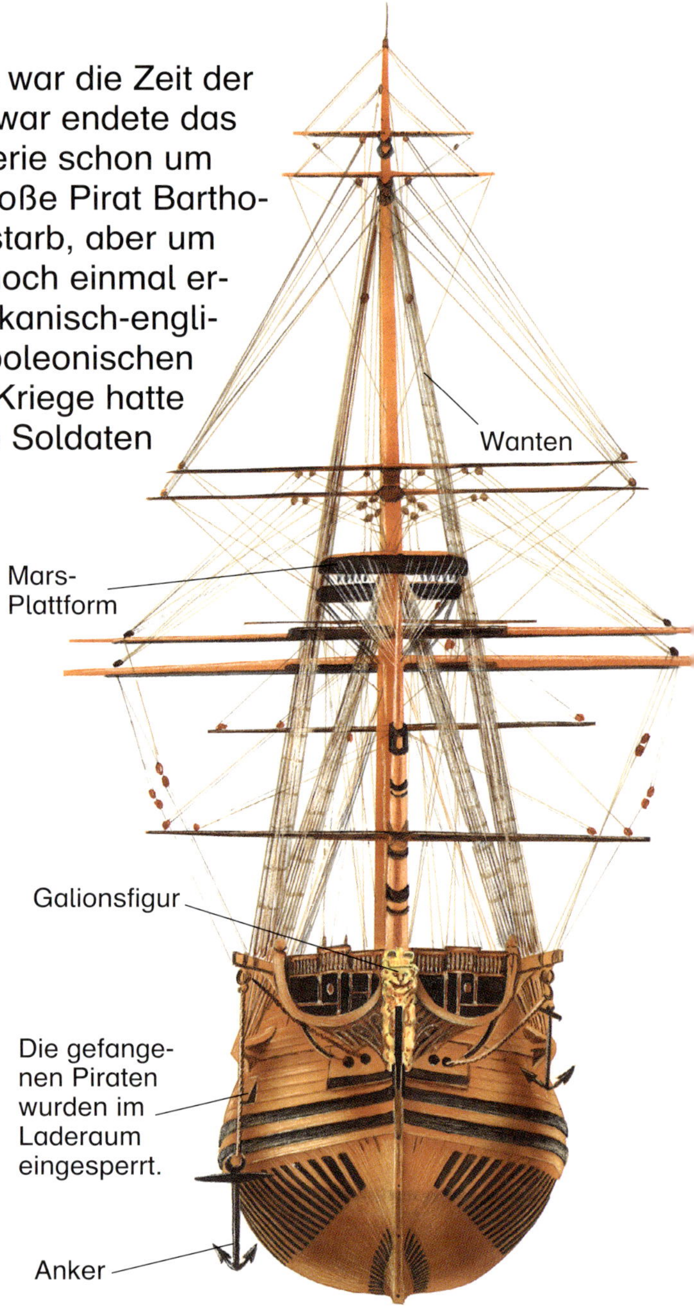


**Bugansicht der Swallow**

Die Swallow, das stärkste Kriegsschiff der britischen Marine, wurde als Piratenjäger eingesetzt.

Der amerikanische Kommodore David Porter wurde vom Kongress beauftragt, die Piraterie bei den Westindischen Inseln (Karibik) zu beenden. Mit der damals ungeheuren Summe von 500 000 Dollar stellte Porter eine Piratenjägerflotte zusammen, die schließlich bis 1825 die Piraten schlug und vertrieb. 1849 gelang dies auch dem Engländer James Brooke in Malaysia.

**David Porter**

Mit fünf solchen Schonern, einem Dampfschiff und fünf leichten Flachbooten besiegte David Porter die letzten Piraten in der Karibik.

**Schoner**

# Welche berühmten Piraten gab es?

Unter den tausenden Piraten waren einige sehr berühmt, so z. B. der Furcht erregende Schwarzbart, der glücklose William Kidd, Henry Morgan, der Gouverneur von Jamaika wurde, René Duguay Trouin, ein Günstling Ludwig des XIV., Robert Surcouf, ein Nachfahre Trouins, und nicht zuletzt der berühmteste von allen: Sir Francis Drake. Die einen raubten und mordeten aus Gewinnsucht, die anderen taten es für Ruhm, Volk und Vaterland.

**René Duguay Trouin**

Er ist der bekannteste französische Korsar. Bereits im Alter von 23 Jahren hatte er mehr als 300 Schiffe geentert.

**Käpten Schwarzbart**

Nur zwei Jahre dauerte die Schreckensherrschaft von Edward Teach, genannt Blackbeard, ehe er 1718 im Kampf getötet wurde.

**Einige berühmte Piraten**

| | |
|---|---|
| Jean Bart | 1651–1702 |
| René Duguay Trouin | 1673–1736 |
| Robert Surcouf | 1773–1827 |
| Henry Morgan | 1635–1688 |
| Jean Lafitte | 1780–1826 |
| John Avery | 1665–1728 |
| William Kidd | 1645–1701 |
| John Hawkins | 1532–1595 |
| Bartholomew Roberts | 1682–1722 |
| Edward Teach (Blackbeard) | 1680–1718 |

Wessen Flagge ist das?

Wie bezeichnet man einen Quadranten noch?

Welchen Namen führt dieses Schiff?

Was trägt er unter seinem Hut?

Was für eine Waffe ist das?

Wann verwendeten die Piraten diese Donnerbüchse?

# Register

# FRAG MICH WAS!

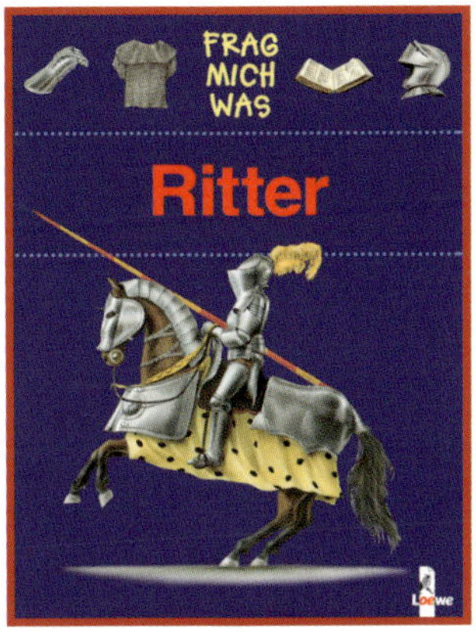

Das wollen Kinder wissen!

Loewe